Si j'étais l'amie de la licorne

ADSO

Si j'étais l'amie de la licorne

© 2014 ADSO

Edition : Books on demand GmbH
12/14 rond-point des Champs Elysées
75008 Paris.
Impression : Books on Demand, GmbH, Nordestedt, Allemagne.
ISBN : 9782322034529
Dépôt légal : février 2014

En vagues d'éternité ;
Sur la lune,
J'ai aimé le feu
Et,
J'ai aimé le froid.
Aimé la nuit bleue
Désiré le matin roi.

J'ai dansé
Oui,
Vibrée, vibrée
Sous ta vie.
Tu étais le feu
Tu étais le froid.
Tu étais la nuit bleue,
Tu étais le matin roi.
Et, oui, oui,
Vibrée sous ta vie.

La nuit a dansé
Dans cette lumière
Et, je crois, j'ai rêvé
Ta prière, prière.
Tu chantais
Je t'aimais
Le ciel brûlait

Et, je rêvais.
Sous la musique du vent
De la nuit.
C'était fleur et diamant.
C'était, moi, toi, ici.
Il faisait jour
Il faisait vie,
Et j'ai aimé l'Amour,
Et j'ai aimé la vie.
Le songe flottait
Sur la lune
En vagues d'éternité.
Sur la lune
L'oiseau de mon cœur
S'est penché sur ta bouche.
L'oiseau de mon cœur a volé sur ta bouche.

Tout était matin,
Tout était soleil,
Et j'ai senti tes mains,
Et j'ai vu le vermeil,
Le songe flottait
Sur la lumière blanche
Et les vagues roulaient
Vierges, sur mes hanches.
Soleil ou étoiles

Décliné de pétales
En matin de roses.
L'aurore chantait
En nuit presque éclose
Et je rêvais.

J'ai vu ta vie,
J'ai vu ton souffle bleu
Dans ce pays
Sacré, presque heureux.
Pourtant
J'ai pleuré dans le vent

Et l'arbre m'a recueilli
Et j'ai poussé en son sein.
Fleur, tu montes et tu vis
Jusqu'au dernier petit matin
Protégée par la vie,
J'ai souvent grandi,
Et j'ai oublié mes larmes.
En vagues d'éternité
Ce petit matin parme
En vagues d'éternité.

D'arbre à la fleur ;
Le soleil m'a pris dans tes bras,
Tendre vertige, doux émoi
Et après il a fallu attendre
Un nouvel espoir pour te rendre
A la vie.
Alors, je trace le chemin
Devant tes pas et tes cris
Alors, je trace le matin.

Et puis tu viens,
Comme une lueur, un feu, tes mains
Sur ma bouche qui t'embrasse à l'infini
Et puis vient la vie.

Et ta bouche sur moi
C'est comme moi sur ta bouche,
Je m'élance dans tes bras
Pour respirer et livrer souche…
D'arbre à la fleur.
Et si je pleure, quand reviendras-tu ?
A la bonne heure
Tu seras revenu.
D'arbre à la fleur
Les premiers bourgeons viennent à nous.
Tu es le navire et la proue

Laisse-moi être l'eau de ton sillage.
Bientôt seront les nuages,

Du lit, de feu, du ciel
Il y aura toi et les étoiles.
Des vagues, de l'eau et de la pluie
Toujours toutes les nuits
Du matin
Et de l'arbre à la fleur.
Tu respires les incroyables parfums
De l'infini à la bonne heure.

Alors regarde ce temps qui court vers moi
Je te donne l'heure de la première heure
Et le dernier instant du dernier temps, oui celui là
A la bonne heure.

Et les secondes sont comme des fruits.

A la bonne heure
Tu seras revenu.
D'arbre à la fleur.
Les premiers bourgeons viennent à nous.
Tu es le navire et la proue
Laisse-moi être l'eau de ton sillage
Bientôt sera les nuages,

Du lit, de feu, du ciel.
Il y aura toi et les étoiles,
Des vagues, de l'eau et de la pluie,
Toujours toutes les nuits.
Du matin,
Et de l'arbre à la fleur.
Tu respires les incroyables parfums
De l'infini à la bonne heure.

Alors regarde ce temps qui court vers moi
Je te donne l'heure de la première heure
Et le dernier instant du dernier temps, oui celui là
A la bonne heure.

Et les secondes sont comme des fruits
Où s'égrènent le cours des moments.
On ne sait plus, on ne sait plus où est la Vie
Il y a toi, la pluie et le vent.

Et ce fruit est sucré
Et ta bouche est un baiser.
Je savoure ainsi tes nuits
Je ne suis qu'envie,

Désir et envie
C'est le même matin.

Donne-moi la main
Et promène ma vie…

On attendra toujours le printemps
Parce que d'arbre en fleurs
Tu seras là
Sur la rivière de mon cœur.
Comme un océan,
Qui ne serait qu'à nous
Au premier temps
Devient le vent la proue.

Celui de ma main ;
Le soleil chantait
Parce que je t'aimais,
Et les souvenirs sont des fleurs d'amour
Que tu me donneras jour par jour.

Et ce sera bon comme entendre ta voix
Mais pas autant que tes bras.

Contre toi, et tu caressais mes longs cheveux
Le plaisir passé est à la fois une douleur et une espérance
Car tu vas revenir.

La Providence ;
Du matin qu'elle se couche, elle te répond.
Et elle te parle avec les fleurs.
C'est le chemin devant l'horizon
C'est le chemin à la bonne heure.
Elle arrive le matin.
Et reste jusqu'au lendemain,
La main de Dieu
Le bouclier de feu.

Son visage est doux comme un sourire.
Et tes yeux s'éclairent comme un miracle.
Regarde au-delà de ton avenir,
La providence attend au cœur du tabernacle…

Je t'envoie ma folie et ma peur,
Pour que l'alchimie vienne,
Je t'envoie mes doutes et mes aigreurs,
Pour renaître sans peine.

Alors reste ou viens
Mais viens.
Alors, pars ou rejoins-moi
Mais rejoins-moi.

Tu seras là,

Et toute cette lumière aussi,
La lumière sera là,
Et tu seras assis.

Souviens-toi de ce temps fou,
Souviens-toi du temps qu'il a fallu
Et rappelle la vie à nous,
Oui j'aime ce ciel nu.

Qui ne sait mentir et se donne comme une femme
A l'aube des âmes.
Providence tu chantes
Depuis la joie fervente.

Du jour où à nouveau,
La mélodie de ton nom
Rejoint l'éclat et le bateau
Au fin fond des prisons.

Où vas-tu ?
Dans cette nuit,
Seule et nue,
Dans ta vie.
Cherche la première couleur,
Trouve et aime,
Ce discret bonheur

Que de chercher la force du désir blême.

Alors j'ai choisi
J'irai à toi providence.
Avec cette force ma vie,
Donner encore des chances.

Et je ne donne que si tu reçois,
Cette justice n'est qu'à toi.
La parole porte
Et ouvre ta porte.

Alors reviens
Et rejoins,
Le chemin bleu de l'enfance,
La première transe,

D'amour. Celle-là oui
Que tu conquiers
Par ta seule guerre
Par ton unique Vie.
La première unité c'est la vie,
La première providence c'est le chemin dans la nuit.
Tu ne voleras pas, … mon sourire…
Tu ne tueras pas,… mon désir.
Et oui, je suis vivante

Providence qui chante.
Merci de cette tour
J'ai gravi l'amour.
Comme cet escalier à l'étage de la chance…
Comme la chance à l'étage de la …providence.

Si le feu avait touché l'eau ;
Si le feu avait touché l'eau
Sûrement mes yeux auraient aimé les flots.

Les flots de ces océans
Et les étangs des forêts.
Alors j'aurai cherché l'enfant
Qui dort là, caché.

Si l'eau avait touché les flots
De larmes et d'espoir, il fera beau
Oui, ce lendemain sera nouveau
Et subsistera de nos yeux, toute l'eau.

L'eau, le diamant,
Le feu, le printemps.

Oui, j'irai chercher la fontaine bleue
Où s'endorment et les étoiles et le feu.

Scintillement de lumière
Pour aimer la terre.

Les eaux, le feu
Le vent et tes yeux
Et ce souffle sur les dunes

Désert d'amour, de ciel et de lune.
J'ai senti ton appel
Comme la soif du ciel

Quand il attend l'orage.
De feu, d'eau sur le rivage ;
Où je m'endormirai
Pour naître et aimer.

Mes yeux t'ont vu, toi lumière
Ma bouche t'a entendu, toi prière.

Mon cœur chamade sous le tonnerre
Le tonnerre chamade sous mon cœur.
Et je saurai me protéger et espérer cette terre,
Où respirent toutes les plus belles fleurs.

Et pourtant, regarde ce petit brin vert,
C'est de l'herbe, oui mais elle vient de la terre
Elle pousse de l'eau et monte vers le ciel, dans l'éclair
Et là, j'irai chercher l'oiseau bleu de l'air

Qui chante et la pluie et le feu
Parce que j'ai vu tes yeux.

Ils sont comme le vent ;
Ils sont comme le vent,
Ils font mal aux étoiles du matin.
Comme un soleil qui s'éteint dans leurs mains
Ils brisent et volent les fleurs des champs.

Et pourtant, ils s'appellent hommes
Et ils le pensent, en somme.
Leur vanité leur ferme la porte sacrée
Ils ne savent plus où aller :

Leurs voix sont muettes
Et pleurent dans la tempête.
De leurs adieux aux roses
Rien, ils n'ont plus rien, ils n'osent…

Même ouvrir leurs yeux
Parce que la lumière les consumme
Parce qu'ils n'ont plus peur du feu,
Et pourtant, ils chantent et fument

Comme on fait dans la vie
Comme ils choisissent de quitter la fantasia
La féerie, toute la magie.
Ils dévorent les éclats
Et ne laissent que le vide,

Mais celui qui sait parler
Apporte à son cœur le translucide.
Mais celui qui sait écouter

Redonne chance et vigueur...
Alors, imagine...
Celui qui sait aimer ses peurs.
Alors, devine

Qui de l'Homme sait ?
Qui de l'Homme est vrai ?
Et la magie protégée...
Les sources privilégiées.
Quel Homme pour veiller les clairières
Et arrêter les guerres ?
Quelle Femme pour porter leurs prières
Et porter le souvenir d'hier ?

Chante, danse et vit
La joie
Pense, parle et dit
Pourquoi les Lois ?

Le monde est à la fois ton sourire,
Et à la fois leur désir de mourir,
Il y a l'épée qui sépare les flots,

Il y a l'amour, qui écoute les mots.

Et pourtant, ils sont comme le vent
Ils passent sans sourire
Ni même mentir
Ils ne savent plus de quel océan

A jaillit la belle déesse
Que l'on nomme amour.
Ils sont, mais blessent
Ignorants de la grâce du jour.

Mais le vent reprend ses ailes
Et soupirent l'espoir du ciel.
Car Force est dans Nature,
Et respire à mesure…

Du beau galop,
Du clair ruisseau.
Attends et viens chercher
La pitance et le secret.
Et pourtant ils sont comme le vent
Ils n'ont plus ni cœur, ni fervent
… Désir, ils sont comme le vent
Ils n'ont que peur du Temps.
Oui, ils sont comme le vent,

Et pourtant ils peuvent voir les étoiles
Oui, ils sont comme le vent,
Et pourtant ils parlent.

Mais leurs mots,
Sont comme le vent.
Mais ce qu'il faut
C'est chanter en écoutant.

La musique du zéphyr
Qui à lui seul promet l'avenir.
Savoir dire à la fois oui, à la fois non
Et reconnaître à chaque prénom
Le cœur de chaque sourire.

Surtout... rester face et fuir
Les silences où les oiseaux ne viennent plus
Pour que toujours au-dessus
De nos visages, planent les nues.

Les anges, et les fleurs
Les parfums et les langueurs.
De demain, de toujours.

La nuit,
Je l'ai choisi ce matin pour lui répondre, car bleue
Bleue, cette nuit où j'étais deux,
Et dans ces yeux bleus, l'amour chantait
Alors j'ai laissé le matin arriver.

Car c'était de l'amour.
Comme ce soleil dans cette rue de Provence
Et dans la clarté du jour,
La couleur semblait entrer en transe,

Entre, entre, beau soleil
Et revient vers ta merveille :
Cette lumière…
Et pourtant la nuit : oui la prière.

Les chants sont plus forts la nuit,
Les mots attendent à l'orée de tes lèvres,
Parle-moi, dis-moi la source de ta vie.
Et reviens au sable de mes lèvres,

Je lui préfère le silence,
Je lui préfère la nuit.
Car tes secrets frémissent aux stances
Des bondissements du cheval gris,
Licorne, licorne tu es partie,

Licorne, licorne, dans quelle nuit ?
Quel est le chemin ?
Quel est le matin ?

C'est pour cela que j'ai choisi la nuit,
Pour cacher mes larmes,
Mais je suis son amie
Et je succombe au charme

Incroyable de ses instants de joie,
Son sourire est noble et doux.
Comme un feu qui donne à l'éclat
De mon feu, le jour des fous.
Et cette nuit,
Les mots seront dits
Alors que le mot devienne vent
Pour mieux caresser tes mains d'enfant.

Alors je te raconterai mes nuits…

Le calme,
Le calme est revenu après la tempête ;
Les bateaux ont posé leurs voiles déchirées,
Et la nuit enfin claire vient comme une fête.
Les voiliers ont posé leurs étoiles sur ces marées

Et là tu peux voir, le matin promettre un nouvel espoir
Parce que la nuit, parce que le tard.
Alors la lueur chantera avec ta mémoire
Le long des rues, avec le tard.

Le calme s'est posé ni bleu, ni sacré
Le calme sourit à cet enfant bientôt né.
Et moi, aussi je suis calme
Comme le vent doux dans les palmes.

Et tu sais ?, Je t'aime avec le tard
Lueur d'amour, lueur d'espoir
Tu seras ni bleu ni feu,
Tu seras juste heureux.

Et je t'aime.
Tu poseras tes longues ailes
Et je t'aime,
Et le calme, couchera l'intemporel.

Le cristal ;
Il est ma nouvelle maison,
Il s'appelle comme toi
Que j'aime et caresse jusqu'à l'horizon
Il s'appelle comme toi.

D'autres l'appellent « cristal », mais c'est toi,
Danse dans le feu, Dansons toutes les nuits
Parce que c'est toi
Dansons toute la vie.

J'ai trouvé ma maison,
Oui les volets sont bleus.
J'écrirai ton prénom
Le matin, le soir heureux ;

Et tous les jours ce sera toi,
Mon cristal
Lumière de toi,
Matin idéal.

Aux clairs de nos soleils,
Nous coucherons nos vermeilles
Et montera au ciel la jolie rose bleue
Celle que tu cueilles, me voulant, amoureux.
Parce que c'est toi.

Laisse-moi te donner vie et vie et vie
Pour que les escaliers terribles disparaissent.
Ce sera moi
Ta vie, la vie, nos deux vies
Ensemble vers le loup qui paraisse.

Nous marcherons aux côtés des bois, des lacs
Et des lendemains.
Nous marcherons transis après le ressac
Et des lendemains.

Lumière impatiente
Pour ton corps qui chante
En bleu et rose, les couleurs s'envoleront.
Parfaits parfums de notre union
Les horizons s'étaleront jusqu'au prochain matin
Où la pluie deviendra comme un jour, comme un lendemain.
Cristal, ni bleu, ni rouge,
Cristal.
Notre cristal, ni bleu, ni rouge.
Sage, sage lueur d'amour
Rien qu'à moi, pour toi
Apprivoise mes soleils de jour
Et caresse mes nuits sans toi.
Que ce soit hier ou demain
Aujourd'hui, je chante dans tes mains.

Ensemble, nous ferons le feu et l'eau
Ensemble nous porterons le drapeau
Du pays ni bleu ni rouge,
Du pays de cristal
De notre pays bleu et rouge
De notre pays de cristal.

Et que la joie vienne !
Et que la vie revienne !
Impromptue, belle et silencieuse
Je t'attends heureuse,

Oui, le cristal c'est toi
Comme un baiser d'amour.
Parce que c'est toi
Et tes mains, et le feu et l'amour.

Je chante à midi et à minuit
Et tu chantes toi aussi,
Au bout de la falaise, surmontant les flots
Les terreurs, les chimères et les eaux.

Tu me donnes la nuit, je te donne les matins,
Et la guitare s'est couchée au creux de ta main
Là où tu choisis les caresses éternelles
Qui font de moi ta mélodie charnelle.

Alors, alors le cristal
Pourra devenir feu et eau
Ne te brise pas cristal.
La prière suffira-t-elle, avec ces mots ?
Cristal, je te dépose aux pieds de Dieu.
J'en remets à l'Amour
J'en remets à l'éternel
Matin de tous les jours.

Ne te brise pas…
Tu seras toujours là
Comme l'oiseau du printemps
Merci aux fleurs et au Vent.

Qui promettent des champs de lumière,
Aux miracles incertains, de notre future première
Fois
Où toi et moi
Vivront notre première prière.

Elle sera ni rouge, ni bleue
Elle sera toute cristal
Prière, qui t'attend et devient ce cheval
Ni rouge, ni bleue.
Nous chevaucherons ce cheval
Tout paré du cristal

D'amour et de vérité
A toi et à moi, notre feu sacré.
Je te cherche et je te trouve
A chaque sourire.
Je te propose le navire
Et je te trouve
Cristal, tu fais mon destin
J'ai choisi tes mains.
Cristal, mon amour
Cristal mon amour.

L'instant bleu ;
J'ai aimé ces longs instants
Plein de larmes et de feu,
J'ai pleuré un long moment,
Parce que la nuit était trop bleue.

Trop bleue,
Comme ton cœur,
De diastole et de systole
Je m'envole.

Et c'est là toute l'Histoire…,
Ton sang devient larmes et feu
Et j'ai couché dans le soir
Et j'ai connu l'instant bleu.

L'instant bleu, n'est ni à moi, ni à toi
L'instant bleu, ne connaît qu'une Loi.
Et tu le sais !
L'amour de la vérité.
Alors étends tes ailes
Et accepte de chanter avec moi,
Sous la pluie, et la nuit si belles
Parce qu'un instant, je suis à toi.

Et si tu pars

Avec le tard
Retient de mes yeux,
Cette larme bleue.

Dis ? Connais-tu, l'eau de mes larmes ?
Dis ? Connais-tu le feu de ma joie ?
Alors reviens, couche tes armes,
Au doux lit de l'éclat.

Bleu,
Et feu.
De notre premier frisson,
Voluptueux jusqu'à cet horizon.

Où les mains tendues, nous irons au feu
De l'instant bleu.
Oui, cet instant n'a qu'une étoile,
Et de ce feu du firmament astral,
Se relèveront les colosses aux grands yeux.

Loin ta peur se cachera
De la mort tu ne feras plus cas.
Car la vie sera et le feu et la larme et le bleu
Et d'instant en instant se couchera sur tes yeux.

La colombe aura posé ses mains,

La colombe est venue ce matin,
Chercher et ton bleu
Et ton feu.
Elle reprend son envol,
Dans un désert d'idoles,
Et ramène d'un au-delà incertain,
Le bleu, instant du poète certain.

Et si je te le disais
L'instant d'amour sera éternité.
L'instant bleu, de ton prénom
Couchera ses couleurs sur ton front,

Et je lirai ton nom avec mes mains
Et je poserai mes mains sur ton front,
Et tu coucheras ton front, au matin,
Et, au souffle bleu de ton prénom…

L'instant bleu sera l'écume de ce flot,
L'écume blanche cherchera d'autres mots,
Et je serai, le flot de ces mots si bleus
Que même la nuit te voudra feu.

Ne me laisse pas mourir au dernier vent,
Ne me laisse pas mourir sans le bleu,
Et redonne-moi l'instant de vie, comme à 17 ans,

Comme aux derniers feux.

Et brûle jusqu'au matin
L'espoir de tous les enfants du matin
Et lorsque le soir descend
Ramène le feu et les enfants.
Alors, le rire montera jusqu'à l'Eternel,
Comme la promesse d'un nouveau duel,
Entre la vie et la mort,
Pour le feu de l'aurore.

Entre le bleu et le feu,
Là j'attendrai tes premiers vœux.
Au-delà de leurs nuits et de leurs vents,
Au-delà et plus fort qu'un seul instant.

Les nuits se feront étoiles,
Enfants de leur cortège,
Les tumultes se feront vent,
Enfant de leurs arpèges.
Le bleu chantera l'universel ;
Et la première lueur sera Belle.

Belle de nuit,
Tu portes les mystères,
Et les sourires de la vie,

Comme toujours après hier.

Belle de jour,
Tu portes l'amour,
Et les regards brillants
Comme toujours après le vent.

Et voilà l'instant bleu
Surgit du feu.
Et voilà les larmes de mes yeux,
Premiers vents, premiers jeux.

Premier instant,
L'instant bleu.

Le chant de la terre ;
Qu'on le dise bleu,
Il est là.
Il écoute dans le feu
De l'amour et des Lois.

Qu'on le dise vent,
Il t'écoute.
Parce qu'il a le temps
Et te suit sur la route.

C'est une ballade parmi les fleurs
C'est un chemin de couleurs
C'est ma vie,
Qui commence ici.

Et je l'aime
Et je t'aime,
Chemin,
Petit matin.

Nul ne brisera le rêve
Et toujours le protège.
Nul ne brisera le rêve
Et toujours le protège.
Le chant de la terre

Te rappelle les premiers temps
Où l'océan montait dans la lumière
Comme un phénix, comme un printemps.
Le chant de la terre
C'est aussi ma prière,
Celle
Belle.

Qu'on le dise pluie
Il nourrit tous les arbres
Jusqu'à minuit
Des palais de marbre.

C'est ton bonheur,
Et il fait beau
Ce ne sont que des fleurs
Et il fait chaud.

Au ventre de la vie
La terre chante
Au creux des infinis
Où se dressent les tentes.

Des éclairs du désert
Autour du feu
Chantent dans la lumière

A nouveau deux.

Hommes et femmes
Regardent leurs âmes
Tournent les têtes.
Le vin fête,
La fête du feu,
La fête du vin,
Et la terre chante bleue
Pour saluer chaque matin.

Et alors, toi aussi tu l'entendras
Ce chant de mystères
Qui guide chacun de tes pas
… J'écoute ta prière.

J'entends le premier mot
Je vois dans tes yeux, les bateaux
Du fin fond
Des horizons.
Et je suis là,
Près de toi,
Les notes de la mélodie
Sont assises sur la lyre de ta mélancolie.

Alors, je viens, je te délivre

Et dans la joie, ivre
J'accroche mon étoile
Au sommet de la voile.
Oui, c'est ce premier bateau
Oui, au matin
Dans un jeu de flots
Où la mer prend ta main.

Par les arbres,
Par les fleurs,
Jades de marbres,
Toutes les heures ;

Le vent qui court
Plus fort
Que le vent qui court
S'est posé sur ton corps.

Sans regard,
Sans empressement
Juste le temps du tard
Où la terre livre son chant.

Et le corps, et la nuit,
Sont pleins des arpèges
Et des dentelles roses et bleuies

Pleins des arpèges
De la terre
Et de ses frissons
De la terre
Rose et marron.

Et toi là, dis tu es couché aux pieds des colosses
La joie, l'ivresse,
S'élèvent au-delà de la fosse
La terre te caresse.

La terre te caresse,
La terre chante,
Donne l'ivresse,
Donne, chante.

Et vers midi,
Je serai là.
Et vers minuit,
Je serai là.
Prends ma main et chante avec la terre
Demain nous rendra plus proche de l'océan,
Couche-toi sur ma prière,
Aujourd'hui c'est notre temps.

La symphonie du nouveau monde,

La ballade des fleurs,
La rivière qui chante la ronde
Nous emmène de très bonne heure,

Vers le matin, qui n'est qu'à toi
Et à moi.
Nous dormirons
Et nous nous aimerons.

Sûrement,
Longtemps.
Parce que la terre propose
Des oiseaux et des roses,

Alors, je dirai oui
Peut-être, même merci.
Ecoute mon cœur, cette terre
Ecoute les fleurs, et voit la clairière,

Ne laisse pas, le désenchantement
Gagner,
Avance vers le vent,
Qui guérit tous les passés.

Parce que le chant de la terre
A atteint mes lèvres,

Le baiser sera fièvre
Nos lèvres seront lumière.
Et je t'en prie,
Laisse-moi chanter avec la terre
Impassibles fleuves de la vie,
Laisse-moi chanter avec la terre.

Pour chanter mon amour …

Le matin du matin ;
Le matin du matin est couché sur le long soir du vertige du ciel.
Le matin du matin a promis d'être tout fécond et tout miel.
Mais qu'en est-il au jour d'après ?
Les fenêtres sont restées ouvertes au soleil du matin,

Alors j'ai pu voir l'oiseau voler
De la fenêtre jusqu'au matin.
La main tendue pour mieux le toucher,
De maintenant jusqu'à demain,
Il portait le ciel
Dans ses ailes,
Il chantait quand tombait la pluie,
Il dansait au matin de toutes les nostalgies.

Alors, je lui ai répondu,
Ensemble nous avons chanté et bu
Au calice sacré
De l'oiseau, du matin et de l'été.

Oui, c'était l'été, et chaud dans le matin,
Oui, c'était l'été et claires
Les eaux de la mer.
C'était le matin du matin.

Le corps lumineux ;
Sur la nuit j'ai vu des aurores
Dans tes yeux, j'ai vu des soleils d'or.
Tu ressembles à la magie,
D'un feu et d'un lac gris
Avec les ailes trempées par l'éclair,
Du matin qui jaillit de la lumière.

J'ai vu des océans s'ouvrir devant tes bras,
J'ai vu des montagnes s'écarter au son de ta voix,
Dans le matin, j'ai vu des aubes
Et dans tes yeux, des éclats d'émeraude.
Tu es le miroir de tous les secrets
De ceux des rois, des fous, des étrangers
Qui dansent, au milieu des déserts
Dans le soir, près des mirages de prières.

Ton rêve s'envole dans mon corps,
Et mon amour t'en parlera encore,
Quand les océans et les montagnes auront disparus.
Tu parles à la lune comme à la terre,
Ton voyage suit les fluides universels
Et tu chantes, au doux rythme des rivières.
Avec toi, marchent les couleurs les plus belles
Et, comme un enfant tu joues dans la nuit
A rassembler dans le feu, chacun de tes amis.

Ta route est un visage, qui parle aux pierres sacrées
Et chaque instant enrichit ton regard braisé,
Où scintillent mes larmes et mes désirs.

Mais, tu détiens la clé de mes soupirs
Où comme un papillon qui chante à travers
Toi, je te montrerai toutes mes couleurs.
Et au moment de la mort, seule comptera l'heure
Où j'aurai saisi ton dernier baiser.

Le dessin ;
Partout en moi je t'imagine,
Tout autour de moi je te dessine,
Baisers caresses plus qu'un désir,
Où je vais, mon espace te transpire
Et, tout en allant tu es avec moi ;
Le monde et moi ensemble te respirent
Nous sentons ta peau et tes doigts.
Nous voyons ton âme, ton regard.

Amour, sensation, vertige de toi.
Dans l'abîme du temps qui sépare.

Eternelle patience,
Espérant la chance,
De pouvoir
Encore te voir.

Toi, et moi ,
J'ai peur de mon imagination.
J'ai peur de ta trahison.
L'espace se colore lui-même,
Mais le dessin n'est qu'une illusion
Pourtant même elle sait dire je t'aime.
Alors traverse la lumière
Et je te demanderai même de te taire
Pour que l'on puisse exaucer mes prières.

La parole ;
Je suis celui que tu attends
Depuis l'éternité jusqu'au firmament.
Tu m'as vu dans ma naissance
De feu et de réminiscence
Dit le visage blond, dans ma nuit.
J'écoutais et je pâlis.

Je suis celle qui t'attends
Depuis l'éternité jusqu'au firmament.
Tu m'as vue dans ma naissance
De feu et de réminiscence.

Puis les étoiles se firent cortège
Balançant la lumière en arpège.
Aujourd'hui je coure sur ta portée
Et j'entends la mélodie de ta mélopée.
Je viens te voir cette nuit
Attends-moi toute la vie.
Ce soir, je serai là
Et dans le silence tu diras :
Ma réminiscence est un cadeau.
Aujourd'hui, je porte le drapeau
D'un pays très lointain
Où tu flottes dans les embruns,
Marin de mes nuits,

Mes rêves se font marée
Attends-moi toute la nuit.
Enfin je pourrai te toucher,
Dans le bleu de l'éternité,
Dans le vent du firmament
Dans cette nuit de feu et de diamant.
Ta voix percera
Et l'éclair qui filera
Me donnera cette lumière
Pour l'ultime prière
De t'entendre et de te voir.
Chaque matin est le soir
De l'infini espoir
De t'attendre dans le firmament.

Si tu viens ;
Si un jour tu t'en vas,
Préviens-moi.
Il y aura du feu.
Si tu me laisses là.
Je ne te laisserai partir qu'heureux.

Alors je crois que venir vers moi
Sera le jour, le feu, le départ
Sur le pôle extrême de ma joie.

Elan ;
Il court vers toi,
Pour se couvrir de ta loi.
Plus que ta liberté
Et l'étendue de l'éternité.
Son chant rime avec vie
Que d'un Dieu, ou dise l'infini.

L'éveil ;

Ce que j'ai à te dire.
J'attendais que le jour se lève
Pour venir te raconter mon rêve.
Il m'a fallu de la patience,
Ainsi que beaucoup d'espérance.

La nuit fut claire
Et, là les ténèbres permirent à la lumière
D'être parmi le cosmos et nous.

Dans cette nuit claire, ma parole secoue
Tes derniers éclats de terreur.

Non la nuit, il ne fait pas peur
Et mon rêve te raconte le jour.
Et, je crois, il te faudra de l'amour.

Les jeux du poète ;
La mer joue le soleil avec le matin,
Et le soleil danse sur l'écume.
La magie du son est l'éclair lointain ;
Il y a ce poète qui plonge sa plume
Assis au bord de l'océan.

Dans les flots crépitants
Et dans le jeu de couleurs se mêlent les mots,
Qui longent les longues et premières eaux :
Encre majestueuse entrée en moi
Ton poids n'est qu'amour et infinie tendresse là.

Tout près vient me parler du jour,
Ou ma lettre ne s'éloignera
Car l'horizon est trop loin...

J'aime voir le soleil ouvrir son écrin
Ainsi que la danse de la lumière.
J'aime vibrer... le tonnerre.
Où dans la nuit l'homme se plonge
Et envoie dans son ardeur aimer le soleil couché.

Sensations d'un paysage qui devient nuée
Le ciel alors s'imagine naître,
Tu plonges dans toutes les pensées

En douceur vers ma sensation
D'aimer la déferlante éternité
Des matins qui chantent encore
La voix de l'âme qui est mienne.

Cette lumière ;
La nuit si bleue
Coulait dans ses yeux,
Et ses yeux si bleus
Coulaient dans la nuit…

Et les étoiles mettaient de l'or à minuit,
La lumière parsemait le ciel,
Et ses yeux sucrés comme le miel
De l'or, du bleu, du noir
Et à chaque couleur une histoire.
De l'or, du bleu, du noir,
Là cachée au fond de ses yeux,
Du bleu, de l'or, du noir
Et ainsi fut planté le décor
Des amours de minuit.

L'horizon de nuit ;
Il y a toutes ces lunes
Bercées par les marais nocturnes,
Soleil marin
Disparaissant avec le matin.
Tu donnes à la nuit
Ces langueurs douces et infinies.
Et, moi marchant sur le sable blond.
Je lève mes yeux vers l'astre rond
Et je le sens m'appeler :

Viens, viens caresser la nuit bleutée.
Alors je fixe le miroir des eaux du soir
Où les ténèbres allument toute la gloire.
Des étoiles, il y en a des milliers
Soulevant en chœur les marées,
Dans un chant fait de vent et de chaos.
On peut distinguer l'élévation de l'eau
Dans une symphonie secrète
Où se révèle la couleur bleue et verte.

Petite goutte de lumière ;
Petite goutte de lumière
Sur la porte en bois.
Eclat d'eau
Sur la porte de l'arbre-roi.
Chant d'oiseau
Au-dessus des balustres bleues.
Regard d'eau
Pour une nuit d'orage au son creux.

Juste une petite goutte de lumière
Sur la porte en bois.

Tableau du matin ;
Parmi cette chimère du jour
On voyait passer de la lumière,
Celle des jardins Glamours.
Régnaient le mauve et le vert.
Sur la table, une robe défaite,
Près du mur, les séquelles d'une fête.
De l'eau, de l'eau tout autour
Parmi cette chimère du jour.

La belle Charleville ;
Je suis le promeneur du soir,
Celui qui regarde avec espoir.
Le bout de la rue bleutée.

Je suis le promeneur habité
D'une paix douce et requise
A l'heure où il n'est pas de mise.

Je marche sous la lune et les étoiles
Je cours sur le sol déjà sal.
Mais mes yeux regardent en haut et au bout
Pour voir cet amour dont j'attends la proue :
Pour partir en bateau naviguer,
Sur les étoiles de mon cœur,
Sur l'asphalte de mon cœur :
Avec comme compagnie
Le cadeau de la nuit.
Mes yeux brillent déjà de sa forme
Ma paix la rend vivante et non-informe.
Elle vit en moi,
Elle plane en moi
A l'heure où elle peut être loin.
Je cours sous les étoiles,
Je suis un bateau sans voile.
Que la voile sorte de l'asphalte

Au bout de la rue,
Dans sa blancheur déjà nue.
Mon regard c'est déjà lui.

Ce bateau ivre que j'ai retrouvé près de chez lui.

Je suis le promeneur de Charleville
Et je pleure car aucun bateau ne fut ivre,
Tous ont laissé la mer se fondre en givre.
Rimbaud mon ami, cette sculpture antique
Tu l'as laissée s'embourber dans des eaux critiques.
Pourquoi ?
Rimbaud, le beau ne vivait qu'une seconde
Comme toi mon amour, et je fais la ronde
Pour te retrouver et t'emmener
Courrir et marcher sous les étoiles.

L'instinct de la nuit ;
Dans la vallée, courent les loups.
Ils chantent et hurlent au ciel roux.
Dans la nuit, les musiques étincellent,
Comme autant d'astres dans le ciel.

Le sol est chaud, presque brûlant.
Les félins de la mort sont assis
Et gorges tendues s'abreuvent du rire de la nuit.
Les dents et les crocs ont brisé la chaine
Et, dans un rythme assoiffé sans haine,
Les chiens ont offert leurs désirs à la lune.

On peut voir leurs veines se gonfler une à une,
De l'or vermillon qui transpire sur leur pelage.
Les herbes de la vallée se transforment en rivages
Où s'écoulent les gouttes de leur festin.
Mais bientôt la lune exhorte l'instinct
Et les loups entre eux s'observèrent.
Etonnés de leurs appétits sanguinaires.
Certains pleuraient, d'autres avaient peur.
Mais tous avaient compris que c'était l'heure
Où l'astre froid viendrait près d'eux.
Aiguisant leur soif et levant leurs yeux
Vers un corps plus souple et animé
Que le leur sec et décharné.

Le premier loup s'avança,
Et dans un premier pas, déjà
Mordit sa femelle
Qui gémissait sous sa langue cruelle.
La mort fut lente.
Jusqu'au matin le loup se nourrit de l'amante,
Et dans un dernier assaut brisa ses reins.

Les nuits de la pleine lune sont désordre
Et sa folie brise toute miséricorde.
Ainsi quand l'astre éclaire la nuit,
Chassez haine, meurtre et autre sorcellerie
Enfermez votre folie,
Et courrez si vous l'osez,
Vous abreuver
Avec les loups de la nuit
Du sang de la vie.

Nature ;
Voici venu l'oiseau de l'orage,
Il n'est plus temps de pleurer.
Voici venu le ciel éteint,
Il n'est plus temps du matin.

Voici venu les prophéties des anciens.
Les commandements hors des parchemins,
S'étalent dans l'espace,
C'est la pluie qui voile les faces.

On dit qu'aucun bateau
Ne refit surface,
On dit qu'aucun oiseau
Ne laissa de traces.

Voici venu l'orage,
Et l'oiseau sans message.
Ce chaos et ce désordre,
Dans un ciel affolé,
Ce chaos et ce désordre
A failli pleurer.

Mais déjà les maisons se closent
Et ce matin-là le ciel ne fut pas rose.

C'était le premier mensonge
Et ce matin-là ne berçait plus aucun songe.

J'ai peur de toi,
Pourquoi cet oiseau
Et cette dernière image ?
Pourquoi ce chaos,
Et ce si grand orage ?

Il faut bien comprendre que je t'aime ;
Il faut bien comprendre que je l'aime
Et que ma vie traverse le ciel
Et se perd,
Et que la vie traverse le ciel
Ou part en mer.

Ma prière n'est pas pour le dernier matin,
Ma prière n'est pas pour le dernier message.

Ma prière s'échappe de mes mains
Que je mutile pour trouver le passage
Entre mon sang et ta peau.
La larme hésite et ne coule pas à flots,
Le monde est noir,
Et ce matin, c'est le soir
Qui une dernière fois s'allonge

Au bout de la falaise,
Où mon âme cherche ton songe.

Sons ;
La mer chante dans un dialecte inconnu
Que seules comprennent les vagues nues,
Et laissent transparaître le son clair
Au-dessus des mers sur terre.

La vague qui expire le sable
Jaillit comme un rocher sur la falaise :
A l'heure où les fous invoquent le diable
Quelques secrètes meurent sous la braise.

La nuit carnavalesque,
Je pense que la nuit des fous devait arriver,
Depuis des siècles chacun d'entre eux criaient
Dans le jour des autres derrière les murs blancs.
Ce jour-là les fleurs s'envolèrent dans le vent
Et la pluie tomba sur les plaines et les vallées.

Tout n'était que tumulte et allégresse,
Chacun empli de peur et d'ivresse.
C'était le jour béni des fous heureux
Offrant avec joie leurs sourires au malheureux.
Offrant leurs rêves déchirés aux bâtisseurs d'empires,
Pleurant avec le plus beau des sourires.

Le jour des fous les animaux se cachèrent.
Nés un par un malgré les prières,
Matin après matin
Poussant leurs espoirs.
Tous se tenaient par la main ;
Détruisant les édifices de leurs rires stridents.
Leur tumulte mélodieux arrivait jusqu'au ciel
Se faisant du réel pousser de longues ailes
Qui effrayait tous ceux vivant chez eux.
Les fous avaient construit un monde bleu
Ils construisirent des temples et tremblèrent devant leur liberté.

Les fous hurlèrent jusqu'à la nuit tombée
Enfin l'un grimaçant avait cessé de rire
Il avait vu sur le sable blanc, le sans surgir.

Présence ;
Au pays du monde, il est toujours là
Parmi les arbres, les fleurs et les lilas.
Aux terres des champs, il passe en sifflant,
Il est deux bords à bord de continent.

Le grelot de lumière ;
Il existe ces chimères,
Souriantes à la lumière.

Je les suis à la trace
Derrière le tain de la glace.

Alors je pars,
Perdue dans le brouillard
Et je vois ces magiciennes
Dispersant l'amour et la haine.

En voyant s'élancer les gouttes de cette pluie,
L'amour et la haine acceptèrent la vie.
Chemin fastidieux, où tintent les grelots,
Personne n'osa encore se jeter dans les flots.

Pourtant pour chanter l'envol de cette lumière
Du son qui tinte et éclabousse l'éclair.

Quoi ?;
L'éternité reprendra sa chance
Parmi son regard plein de charme.

Aux couleurs salées de l'ondine
Lumière astrale, tu plonges ta bise sanguine.
Le fluide rose glisse quand je dors
Veux-tu de ma vie un décor ?
Pour que je te raconte ce que j'ignore.

Un doux mystère a creusé en toi son chemin,
Sur son passage il a laissé des chants ;
Un doux mystère te porte à jouvence.

Tout est là ;
Ne cherche pas
Tout est là,
Pénètre au lieu de diviser,
Tu seras le champ et le blé
Et ton coffret restera néant,
Où tranquillité règne en harmonie.
Ton coffret sera pour le temps
Une victoire sur la vie
Avec qui tu auras accompli
Le cercle d'une nouvelle unité :
D'un champ fertilisé,
Par la peur oubliée
Et les secrets inexistants.
Marche devant,
Au lieu de courrir aux quatre pôles
Et te faire voler par ces mains qui te frôlent.

Jaillir et vivre ;
L'espoir est un torrent de paix,
Un océan de chaleur à préserver.
L'espoir est un torrent d'amour
Dont les échos s'approchent chaque jour,
Tout près de notre union en éternité,
C'est une vague qui te rejoint toujours.

Mon espoir jaillit de toi,
Pour aller vers toi.
Je suis ta sincère voix,
Qui t'éveille en souriant.
Mon rivage, il est maintenant
Partout où tu juges les ténèbres.
Que l'amour en moi
Devienne en aimant tout ce que tu seras :
De la joie, du bonheur
De la force, de l'ardeur
Pour vivre près de moi,
Pour avancer larmes à l'aura.
Pour vivre près de moi,
Pour avancer, larmes à l'aura,
Pour que la lumière inonde mon âme,
Pour que mon âme éteigne les flammes,
Pour que je ne te perde jamais.
Je te donne toute l'espérance de ma vitalité

Car je t'aime, car ça c'est l'amour :
Voir ta beauté scintiller
Dans un chant d'éternité.
Toutes mes fleurs poussent dans tes bras,
Que la vie bénisse cette terre-là.
Tu es fait de cuivre et d'or,
Et quoi que tu dises je t'adore.

Sa musique ;
Chant de pluie
Pour la même nuit.
L'indien pleura
De n'avoir pu rattraper
Les fleurs sur l'eau, il pleura.

S'en allèrent les bleus de minuit, les verts ensanglantés.
Il trouva la porte du jardin
Malgré tout s'assit sur une pierre.
Il chanta la main dans la main
Avec les premières lueurs de l'éclair ;
De ses yeux glissèrent des eaux pures
Qui rattrapèrent les fleurs perdues
Toutes les couleurs, et son rire ne fut pas dur.

Enfin, il se coucha près du mur et but
La sève de sa vie,
Car il était plante et magie.

Infini et passé du temps ;
Assise sur la dune,
Je contemple cette statue de sable.
Au bas de la dune
J'aspire à consulter le sable,
Juste sous mes pieds.

Comparer la montée de la lune
Derrière ces collines retournées
Mille fois par le vent, mille fois des dunes.
Statue aux yeux que rien n'arrête.
Monticule stable, silhouette prête
A devenir le guide des nomades,
Née seule du sol elle s'apprête
Avec tes bras à te guider.
Te guider là où tu veux
Pour les lasses et les nomades,
Et surtout pour les guerriers
Qui t'attendent dans leurs grottes pleines de feu.

Le prisonnier du jour ;
Regarde la mer bleutée plus loin que le ciel.
Respire la fin du jour et les derniers rayons de soleil.
Dans sa prison de fer, l'homme agite ses espoirs.
Toi, tu es libre de vivre avec les oiseaux qui se couchent le soir.
Si tu vas plus loin que l'horizon,
Si tu respires tout le soleil
Alors l'horizon sera la porte d'une maison
Ou le toit sera couvert de ciel.

Peut-être alors un oiseau sur la mer t'emportera
Pour respirer les éthers de l'au-delà,
Mais l'aveugle qui attend la lumière
Danse dans l'espace.
Et cela grâce à la mer bleutée plus loin que le ciel,
A la fin du jour et aux derniers rayons du soleil.

Si tu es libre, c'est parce que le monde est infini,
Si tu vois clair dans la nuit,
C'est que quelque part brille la lumière,
Si tu penses à ces fabuleuses lumières
C'est qu'un seul jour te suffit pour les avoir vues.

Partout existe ton rêve
Car le jour au rêve c'est découvert.
La quête est de rassembler tous les rêves

Et de les faire jaillir dans chaque prison de la terre.
L'espace est plus ou moins grand
Selon la dimension que l'on a dedans.
L'espace est infiniment à toi,
Humain de toutes les races,
Tu peux courrir dans la lumière bleue.
Tu peux surmonter les océans fougueux
Car le rêve est la parcelle d'infini
Qui traverse nôtre vie.

Passion-Haine ;
La passion, la haine
Deux gorges.
L'une rouge : la haine ;
Le bleu et l'autre gorge,
Décriven t si bien la passion
Que le bleu se mêlant à cette gorge
Décrit la violence d'un violet vermillon.

Et comme deux fluides s'engorgent
De sang vide et plein,
Le fluide se couvre
D'un geste de la main.

Quelques mots pour dire que le ravin,
Dans lequel plonge la gorge rouge
S'apaise dans le bleu marin
Où la passion arrête la haine, mais bouge.
Pour donner à cette eau,
Le fluide de la larme
Pour aplanir un flot
D'un combat plein de larmes,
Que le rouge et le bleu
Ne se combattent jamais sans défauts.

L'adamse ;
Tendresse, reine en amour
Jette-toi dans l'océan
Sinon, le bateau coulera un jour.
Dans la fougue du vent,
Joie, douceur de la fantaisie
Je t'emmène à l'aube des amis.

Fureur, toi mon désir
Je t'emmène vers mon avenir,
Avec dans ta valise
Un sourire et sa bise,
Un verger et une clairière,
Une tendresse et sa lumière.

De cette nouvelle terre
Je quitterai mes larmes,
Je détruirai les armes
Et la frontière sera océan.

Avec tendresse, je me jetterai dedans
Et, j'amènerai ce bateau
A quitter son drapeau.
Il sera moisson océane
Et sur les têtes de nos arcanes
Valsent les lumières du monde,

Et nous emmènent en une seconde
Valser sur tous les temps
A la séquence du vent.
Tendresse, reine en amour
Jette-toi dans l'océan.

Eau d'enfant ;
Il était une fois un océan
Et au bord de l'eau deux enfants.
Il était une fois deux enfants
Et à leurs pieds un océan.

Rivage d'écume et de rire
De ce soleil qui fait rajeunir.

Il était une fois l'océan
Qui assenait le rivage
Aux bords des villes d'Agage.

Il était une fois deux enfants
Qui jouaient avec le vent.

La fleur temporelle ;
C'est l'heure béate où s'éteint le crépuscule,
Où les fauves ocres dans la nuit se bousculent
Mesurant leurs couleurs à l'ombre du soleil :
Pas gigantesque dans le bleu de la faune.

La bouche ouverte, ils dansent et c'est pareil
Que la mer ensablée qui danse sur le trône.
Parmi le temps et les coquillages qui s'égrènent,
Avec les couleurs du ciel se reflétant dans l'eau.

On y retrouve toutes les arches bleues, toutes reines
Qui portent fières le même drapeau ;
Celui de l'heure béate où s'allume le crépuscule,
Avec les lumières du jour qui se bousculent
Dansant du bleu jusqu'au soir.
Et ce soir-là, la sirène sauvage se coucha dans son miroir.

La croisée ;
Chemin de croix, chemin de terre
Et tout au bout ce cimetière
Des feux follets tout verts.
Chemin de croix y mène tout droit
Chemin de terre en passant dans la lumière.

Table des matières.

En vagues d'éternité ; 7
D'arbre à la fleur ; 10
Celui de ma main ; 14
La Providence ; 15
Si le feu avait touché l'eau ; 19
Ils sont comme le vent ; 21
La nuit, ... 25
Le calme, ... 27
Le cristal ; 29
L'instant bleu ; 34
Le chant de la terre ; 39
Le matin du matin ; 46
Le corps lumineux ; 47
Le dessin ; 49
Toi, et moi , ... 50
La parole ; 51
Si tu viens ; 53
Elan ; 54
L'éveil ; 55
Les jeux du poète ; 56
Cette lumière ; 58
L'horizon de nuit ; 59
Petite goutte de lumière ; 60
Tableau du matin ; 61
La belle Charleville ; 62
L'instinct de la nuit ; 64
Nature ; 66
Sons ; 69
La nuit carnavalesque, ... 70
Présence ; 72
Le grelot de lumière ; 73

Quoi ?;	74
Tout est là ;	75
Jaillir et vivre ;	76
Sa musique ;	78
Infini et passé du temps ;	79
Le prisonnier du jour ;	80
Passion-Haine ;	82
L'adamse ;	83
Eau d'enfant ;	85
La fleur temporelle ;	86
La croisée ;	87